SOPRAVVIVENZA OPERATIVA

UNO STILE DI VITA

Renato Castelli

SOPRAVVIVENZA OPERATIVA

Copyright © 2022 Renato Castelli

Tutti i diritti riservati.

iii

ARGOMENTI TRATTATI

OBIETTIVO DELLA PUBBLICAZIONE

Sopravvivenza Operativa è in origine un concetto del mondo militare, in cui si prende in considerazione tutto ciò che un soldato o una unità deve sapere ed attuare, per continuare ad operare e svolgere la propria missione attraverso le avversità. Il concetto è noto in inglese come *Survive to Operate*. Ho deciso di prendere in prestito l'espressione sopravvivenza operativa, per adattarla al contesto di una persona comune, volendo con essa racchiudere un concetto più ampio della semplice sopravvivenza comunemente intesa.

Quella che chiamo sopravvivenza operativa è uno stile di vita, un obiettivo a cui improntare il nostro vivere quotidiano. Niente ci fa sentire più vivi dell'affrontare e risolvere i problemi. Quando le cose sono calme, tutto va liscio, si tende a perdere la motivazione, mentre nelle avversità i "combattenti" danno il meglio di sé.

Questo non è un manuale tecnico, non spiegherò come accendere un fuoco nel bosco o come filtrare l'acqua, per quello esistono già valide pubblicazioni di gente ben più specializzata di me.

Ci saranno accenni a tecniche e pratiche, quando necessario per spiegare i concetti, ma in sostanza questa pubblicazione vuole essere uno stimolo ad acquisire una mentalità.

Potrei dire con un tono retorico che l'uomo moderno ha di fronte a sé grandi sfide, problemi enormi, oppure che il mondo d'oggi sta andando a rotoli e via di questo passo.

Ma la verità è che la vita, nella sua essenza primordiale è essa stessa difficoltà, pericolo, sfida, lotta. E lo è da sempre.

Spesso ce ne dimentichiamo, abituati alle nostre comodità, ma la realtà basica e cruda non cambia, è sempre stato così e sempre lo sarà.

Aver vissuto anni di pace nel nostro piccolo cosmo di popolazione occidentale civilizzata, non significa che la pace sia una situazione perenne e scontata.

Aver fatto affidamento sui servizi pubblici con successo, durante le emergenze, non garantisce che sempre sarà così. E in ogni caso, c'è sempre un momento in cui la sopravvivenza e il benessere nostro e dei nostri cari, è solo ed esclusivamente nelle nostre mani.

Senza scomodare l'improbabile apocalisse o altri scenari di remota probabilità, nel vivere quotidiano, ognuno di noi può trovarsi improvvisamente ad affrontare un'emergenza, che magari è individuale, riguarda solo noi, la nostra famiglia o il nostro quartiere, ma non per questo comporta rischi minori.

Questa pubblicazione vuole esortare a prendere atto della nostra intrinseca fragilità e adoperarsi per essere persone più forti e preparate, nello spirito e nel corpo.

Non si tratta di diventare survivalista, prepper o combattente. Non voglio ridurre tutto a una questione di etichette, non le amo molto, anche se, come tutti per semplicità, le uso spesso anche io.

La nostra società (che è innegabilmente in declino) e le nostre istituzioni, tendono a creare persone deboli, illuse e dipendenti. Vorrei, con questo contributo, semplicemente ispirarti ad essere una persona più autonoma e responsabile, una persona che non dimentica mai quale sia l'essenza del vivere, che abbraccia l'essere "operativo" come stile di vita e nel farlo, lungo il percorso, perché no, possa anche divertirsi.

1. CREARE LE BASI

Come in ogni impresa, prima di costruire qualcosa, bisogna gettare le basi. A me è venuto naturale, ricordo di essere stato sensibile a queste tematiche fin da piccolo, senza però rendermene chiaramente conto, almeno inizialmente. Forse dovuto agli insegnamenti di mia madre, persona pratica e dall'animo spartano, forse all'essere cresciuto in un ambiente militare, forse all'aver passato l'infanzia in campagna, forse perché fa semplicemente parte del mio corredo genetico o più probabilmente per una combinazione di tutti questi fattori, fatto sta che da bambino agivo spontaneamente ponendo in essere tante di quelle misure che oggi chiaramente vedo come fondamentali per uno stile di vita "operativo".

Un esempio banalissimo: quando andavo a scuola il mio zaino era poggiato a terra vicino alla sedia, ma a differenza dei miei compagni, non svuotavo tutto il contenuto sparpagliandolo tra banco e sottobanco. Tiravo fuori solo il libro che serviva al momento, il quaderno e le penne e quando finiva la lezione tutto tornava dentro allo zaino, anche durante la ricreazione le mie cose non erano sparse in giro, ma nessuno mi aveva insegnato a fare così.

Sembrerebbe una banalità, ma non era un comportamento comune. All'epoca non sapevo perché, ma oggi, ripensandoci e associandolo a molti altri comportamenti, vedo chiaramente un "pattern", uno schema, che definirei "operativo" con un termine abusato e sicuramente anche improprio, ma che rende l'idea.

In effetti uno degli insegnamenti, a volte esplicito, ma che più spesso si impara con l'esperienza nelle esercitazioni militari, è che in ogni momento non devi avere fuori dallo zaino più di ciò che è strettamente necessario, perché in ogni istante devi sapere dove è il tuo equipaggiamento e in caso di bisogno devi essere pronto ad andare via senza perdere tempo a cercare i preziosi oggetti della tua dotazione, o peggio dimenticarli sul campo.

Già immagino qualcuno che dirà "ma stavi a scuola, mica in pattuglia da ricognizione!" Si, è vero, però qui veniamo al secondo punto cruciale: l'abitudine. Se fai qualcosa sempre e comunque come abitudine positiva, anche quando non è strettamente necessario, è molto probabile che non dimenticherai di farlo quando sarà di importanza vitale e ti troverai sotto stress di fronte a un'emergenza. Del resto, perché ci abituiamo a non mettere il dito sul grilletto, anche quando maneggiamo l'arma caricata a salve o quando puntiamo in bianco durante gli addestramenti? Abitudine positiva, tutto lì. Se un comportamento virtuoso diventa naturale, siamo a metà dell'opera.

Tornando al nòcciolo della questione, in questo capitolo affrontiamo i pilastri su cui fondare l'inizio di un percorso verso il miglioramento personale e la preparazione nella direzione giusta.

1.1 I VALORI

Alla base di tutti i comportamenti umani c'è o meglio, ci dovrebbe essere, la scala dei valori di un individuo. I nostri valori sono ciò che ci motiva ad andare avanti e ci guida nelle scelte quotidiane, facili o difficili. Quanta importanza diamo a concetti come la vita, la solidarietà, la Patria, la religione, l'amicizia, l'amore, ecc. questa è la scala dei nostri valori, un elenco di priorità.

I valori, di solito, li apprendiamo da piccoli, dalla famiglia, dall'ambiente che frequentiamo, dalla scuola, poi pian piano, crescendo, studiando e facendo esperienze, decidiamo quali tenere, quali abbandonare, quali far salire e quali far scendere nella nostra scala ideale.

Appare molto chiaro a chiunque sia uscito dal suo ambiente "protetto", che quando si incontrano persone con origini diverse emergono diversi valori. Sia chiaro, anche nello stesso ambiente, classe sociale, città, ci sono persone con valori differenti, ma l'evidenza maggiore la si ottiene quando si viaggia e ci si confronta con altre culture, non necessariamente lontanissime dalla nostra. Personalmente ho avuto modo di vivere e lavorare in zone d'Italia e d'Europa molto diverse tra loro. Non ho avuto modo di conoscere a fondo, culture non occidentali, ma nonostante ciò ho potuto apprezzare una certa differenza nei valori anche tra i popoli europei. Quello che per un italiano è un valore importantissimo, per un britannico può persino essere non contemplato.

Un esempio: dopo dieci anni ho lasciato la carriera militare e deciso di cercare un'altra via per realizzarmi. Lasciare il "posto fisso", come per molti purtroppo è considerata la carriera militare, per un italiano è un sacrilegio. Sarà per la scarsità di posti di lavoro, sarà per la difficoltà ad andare avanti fuori dall'ambiente ovattato del settore pubblico, fatto sta che ogni italiano a cui dicevo che mi stavo per congedare per passare a fare altro, reagiva alla notizia con un misto di terrore o compassione, a volte sgranando gli occhi e quasi sempre dicendo: "ma sei pazzo?" Ecco, con queste premesse, dopo il congedo sono partito per visitare l'Europa, cercare opportunità, migliorare l'inglese, studiare, fare corsi, lavorare. Al mio arrivo in Francia, primo paese in cui ho vissuto per pochi mesi dopo il congedo, quando ho portato il CV in un Hotel sulle Alpi, la receptionist, leggendolo ha esclamato con un tono sarcastico: "desolè, n'avons pas de guerre", mi dispiace non abbiamo guerre. Non passò per la sua testa chiedermi, come facevano anche perfetti sconosciuti in Italia: "perché l'hai fatto? come mai?". Il secondo step è stato nel Regno Unito, dove ho vissuto per tre anni e ho fatto esperienze lavorative di vario genere, da quelle più umili a quelle più gratificanti. Anche qui, quando mi presentavo e raccontavo un pò di me, nessuno mi ha mai chiesto come mai avessi lasciato la carriera militare, per loro era normale che una persona cambiasse vita e cercasse nuove sfide.

Ovviamente parliamo di un sistema, quello britannico, totalmente diverso dal nostro, per mobilità lavorativa, opportunità, efficienza, ecc. Ma alla base di tutto ci sono i valori. Per un britannico aver servito le forze armate è un motivo di orgoglio da inserire nel CV, una garanzia per un datore di lavoro, da noi è l'opposto, se sei un ex militare si considerano solo due cose: o non eri in servizio permanente o ti hanno cacciato per qualche ragione oscura (mi hanno detto anche questo!).

I nostri valori sono ciò che ci dà la spinta ogni giorno per andare avanti. Quando ero in servizio e le cose non andavano per il verso giusto, a volte bastava guardare la bandiera che si issava al mattino sulle note dell'inno nazionale, per rinvigorire la voglia di andare avanti, ma questo perché credo nel valore della Patria, per il collega "cane morto" che aspettava solo lo stipendio, probabilmente il meccanismo mentale era diverso. Ognuno di noi dovrebbe prendersi il tempo di fare un po' di introspezione per capire quali sono i valori che contano per lui. Quale conta di più e quale di meno, per quale vale la pena di lottare e per quale vale la pena sacrificarsi.

Una persona potrebbe fregarsene del concetto di Patria e non sognarsi minimamente di imbracciare un'arma e combattere, però magari potrebbe sacrificarsi per salvare un figlio e fare cose incredibili per la sua famiglia, è tutta una questione di priorità.

Io i miei valori me li tengo stretti e anche se ogni tanto tra me e me, faccio il punto della situazione, non posso sapere con certezza al momento del bisogno quali scelte potrei fare. Una cosa però è certa, una persona che ha ben chiari i suoi valori e ci crede fermamente è senz'altro una persona che ha una marcia in più nel lungo termine.

C'è il mito dello "squalo" che non guarda in faccia a nessuno, cinico e senza valori, che ottiene sempre quello che vuole. Si crede che nella vita, negli affari, si debba essere così per avere successo. Io non credo, sono convinto che nel lungo termine una persona senza valori è destinata a fallire.

Quindi cerca di capire quali sono i tuoi valori, ciò che conta per te e fanne una bandiera, usa i tuoi valori per ispirare la tua vita e per non smarrire la strada maestra nei momenti difficili.

1.2 L'ARMA PIU POTENTE

È la nostra mente, il nostro cervello. Un organo evolutissimo che ci distingue dagli altri animali, la nostra mente è ciò che ci ha reso il predatore apicale del pianeta. La mente è un'arma potentissima e come tale il risultato del suo impiego dipende dall'uso che se ne fa. La nostra mente si nutre di sapere, di idee, di emozioni, di stimoli. Tieni sempre allenato il tuo cervello, studia, leggi, apprendi, osserva, interrogati. Sfida le certezze, stressa le idee, tieni sempre la mente attiva.

Una persona con la mente impigrita può anche avere tutto, soldi, fortuna, amici... ma alla lunga non andrà da nessuna parte. Una persona con la mente attiva e vivace, può affrontare tutte le sfide che gli si presentano e si arrenderà solo di fronte alla morte, perché non c'è problema che non sia risolvibile in un modo o nell'altro. Fà in modo che la tua mente sia una lama affilatissima e impara a cambiare inquadratura quando sembra non esserci una soluzione.

Da piccolo, spesso mi sentivo dire: "tu pensi troppo". Ecco, adesso a distanza di anni, dopo aver visto le difficoltà che ho superato, le idee che ho sviluppato, gli obiettivi che ho raggiunto, nessuno mi dice più nulla del genere.

Le conoscenze e le abilità si acquisiscono leggendo, dialogando, confrontandosi con gli altri, non c'è niente che una persona di buon senso e motivata, con l'accesso alla conoscenza, non sia in grado di imparare.

La motivazione te la devi creare, la devi alimentare, quello viene da te, se non hai quella non puoi fare niente di buono.

La conoscenza invece, non ci sono scuse, quella è ormai alla portata di tutti, la rivoluzione di internet ha permesso a chiunque sappia leggere, di accedere alle informazioni più disparate. Internet è probabilmente la seconda arma più importante dopo il tuo cervello. Se ne fai buon uso, puoi raggiungere qualsiasi obiettivo.

Devi solo imparare a giudicare le fonti di informazione e saper essere critico, verificare le notizie e non cadere nelle trappole cognitive. Questo si acquisisce con l'esperienza.

Quando sei su YouTube, limita il numero di contenuti futili che guardi, ci sta rilassarsi, è fondamentale anche quello, ma non perdere le giornate a guardare roba di scarsa qualità e dubbia utilità, cerca un canale autorevole e impara ciò che può esserti utile sia di pratico che teorico.

Tanto per fare esempio, io non ho mai avuto a che fare con l'elettricità, ma tra due consigli di un amico elettricista, un po' di video on line, la giusta prudenza e il buon senso, ho fatto un impianto fotovoltaico ad isola con batterie di accumulo, totalmente da me. È solo un esempio, ma ti fa capire cosa devi tirar fuori dall'enorme potenziale informativo che ci fornisce la tecnologia.

Non sottovalutare poi i cari vecchi libri, ci sono miniere di informazioni pratiche, idee, stimoli, ispirazioni e perché no, anche svago e intrattenimento in un buon libro. Se anche da piccolo non li amavi e a scuola non li aprivi nemmeno sotto tortura, non vuol dire che tu non possa iniziare adesso, nessuno ti giudica, nessuno ti interroga, non ci sono noiosissime letture imposte, scegli tu cosa leggere. Può essere un libro di filosofia come un manuale di falegnameria, poco importa! La conoscenza è la benzina della nostra mente, la curiosità è la scintilla che la incendia.

1.3 L'ALLENAMENTO

Se tieni attiva la tua mente alla ricerca di una crescita continua, sei già a metà dell'opera. Ma come sappiamo tutti fin dagli insegnamenti della scuola elementare, i nostri antenati, duemila anni fa dicevano: *mens sana in corpore sano*. Purtroppo nel nostro sistema educativo questa frase è un mantra vuoto e senza seguito. Se nello stimolo della mente, più o meno, la scuola qualcosa nella buona direzione lo riesce a fare, per quanto riguarda la cultura del fisico, il sistema educativo è assente. Due ore di educazione fisica a settimana sarebbero già appena sufficienti se fossero fatte bene ma, almeno nella mia esperienza sono pure e semplici perdite di tempo, un sorta di pausa in cui se ti va bene giochi un po' a palla a volo (io la detestavo) altrimenti te ne stai in un angolo a fare combriccola con altri scansafatiche. Escludendo la buona volontà di qualche insegnante che sporadicamente mi è capitato, che cercava di insegnare qualche movimento atletico o che cercava di motivare i ragazzi a stare attivi, per quanto mi riguarda la scuola è terribilmente colpevole di non fare nulla per promuovere uno stile di vita sano, in cui la cura del proprio corpo abbia un ruolo paritario a quello delle altre materie. Addirittura ricordo che a fine anno i secchioni prendevano un buon voto in educazione fisica, "perché se no gli roviniamo la media" non importa se erano dei veri cani morti (espressione del gergo militare che indica uno scansafatiche) una cosa dalla logica assurda e, permettetemi, tipicamente italiana.

Tolta quindi la scuola, restano tutte le altre attività sportive che si possono fare nel tempo libero. I ragazzi che hanno una famiglia lungimirante non avranno problemi e saranno attivi fin da piccoli, testando e scegliendo quali attività gradiscono di più, gli altri purtroppo, resteranno a ingrassare davanti a consolle di gioco e social network e saranno, infine, adulti gravemente menomati, non in grado di fare nulla di nulla che richieda il minimo sforzo.

L'assenza di cura per il proprio fisico, non porta semplicemente danni alla salute e inefficienza pratica nello svolgimento di attività quotidiane ordinarie e straordinarie, ma porta effetti negativi alla persona nella sua totalità, mina l'autostima, annulla la grinta, addormenta l'aggressività positiva che lo sport tira fuori e che serve ad affrontare anche le sfide della vita.

Infine, le persone che non si allenano, saranno più scarse anche nelle occupazioni intellettuali. Garantito.

Il punto cruciale in ogni caso, sottolineo, non è il provenire da famiglie benestanti o avere delle buone palestre nel quartiere, ma è aver acquisito una coscienza del fisico, essere genuinamente convinti (o educati) che la cura del corpo è una cosa imprescindibile da tutto il resto. L'essere benestanti potrà sicuramente aiutare, permetterà ai ragazzi di approcciare a discipline sportive raffinate e costose, ma non è assolutamente necessario. A patto che si abbiano le nozioni di base e la voglia di migliorarsi. Correre è gratis, marciare con lo zaino è gratis, fare escursioni può costare pochissimo a seconda delle aree idonee che abbiamo vicino a noi. Anche l'allenamento a corpo libero si può fare a costo realmente zero. Con i soldi si può fare meglio e più comodamente, si può essere seguiti da professionisti in gamba e, se si è in condizione di farlo, vale sempre la pena... ma di nuovo, non è necessario. Se hai la motivazione giusta, che tu sia giovane o anziano, ricco o povero, non importa.

Inizia a muoverti, compra un buon manuale, impara le tecniche per imitazione. Semplicemente correndo e approcciandosi al calisthenics (due cose che si possono fare senza spendere un centesimo) puoi costruire un fisico forte e resistente, in grado di darti autostima e di vivere meglio la tua vita quotidiana.

Appurato questo concetto, è troppo tardi se da piccoli non siamo stati sportivi? No. Non è mai troppo tardi, il corpo umano è una macchina efficientissima e se stimolato con la giusta intensità, con una costanza d'acciaio e con la dovuta progressione, reagisce in maniera straordinaria. Come fare, esula dallo scopo di questo manuale, ci sono professionisti molto validi a cui chiedere aiuto per rimettersi in sesto, sia per chi parte da zero, che per chi si è lasciato un po' andare negli anni. Esistono anche ottimi manuali e validi *content creator* su internet, da cui trarre ispirazione. Da quanto letto fin ora potrebbe sembrare che parlo così perché ho il fisicaccio, ma è tutto il contrario e la mia esperienza in merito può essere un esempio valido per molti. Dietro ad uno pseudonimo potrei raccontare qualsiasi fesseria, dire che sono tosto e che sollevavo pesi enormi a dodici anni, ma la verità è un'altra e voglio dirtela proprio perché tu possa imparare dai miei errori e dalla mia superficialità.

Da piccolo non sono mai stato stimolato ad essere sportivo nel senso stretto e la mia non era una famiglia di sportivi, né benestanti, oltretutto a casa prevaleva l'idea che la cultura era l'unico obiettivo da perseguire, il resto era poco importante. Per fortuna però sono di quella generazione di ragazzi cresciuti a correre in bicicletta, giocare per strada, arrampicarsi sugli alberi (chissà quale santo mi ha salvato dalle cadute da sei metri di altezza!). Quando io ero piccolo era ancora "di moda" giocare all'aria aperta!

Lo sport vero e proprio l'ho fatto poco, un po' di piscina, un po' di palestra. Ero un bambino mediamente attivo, ma non sportivo. Amavo stare all'aria aperta, muovermi in bicicletta (perché abitavo in un sobborgo e per qualsiasi cosa interessante dovevo fare qualche chilometro in bici). Con i miei amici giocavamo nelle campagne, fantasticando di essere in luoghi lontanissimi, la sera accendevamo dei falò, immaginando di essere dei trapper nella frontiera del west (se la parola trapper ti porta alla mente un personaggio ambiguo che fa pseudo-musica, prendi un vocabolario e vedi cosa significava normalmente questa parola fino qualche anno fa).

Quando andavo in palestra, lo facevo controvoglia, non mi spingevo mai oltre, non avevo obiettivi, perdevo tempo a chiacchierare con gli amici e a guardare le ragazze che facevano aerobica, credevo che l'essere magro già mi bastasse. Quando arrivò il momento di arruolarmi, subito dopo il diploma, ero secchissimo, pesavo solo un chilo più del minimo per non essere scartato e non avevo la minima cultura in materia di alimentazione e allenamento. Alle prove fisiche per il concorso, passai con il minimo, mi ero adagiato sul fatto che ero molto forte negli altri test e che avrei compensato adeguatamente, infatti fu così. Ma era un ragionamento terribilmente sbagliato e il risultato non tardò ad arrivare. Essere idonei fisicamente non significa essere buoni a fare il soldato, è un minimo molto basso ed è studiato perché lì fuori lo standard è ancora più basso, se innalzassero i requisiti non riuscirebbero a riempire gli organici. Alle prime esercitazioni un pò più toste, venne subito fuori il limite di non essere forti e resistenti abbastanza, il fucile, che oggi a quasi quaranta anni maneggio agilmente da tiratore sportivo, mi sembrava un macigno, non riuscivo a restare in puntamento per terminare due caricatori senza iniziare a tremare.

Facevo davvero schifo. In quell'occasione capii che dovevo darmi una mossa. Iniziai a correre e ad allenarmi con i pesi nella palestra della caserma. Lo feci senza un criterio logico però, ascoltando i consigli dei colleghi "massicci" che mi dicevano cose che ad oggi, dopo aver studiato un minimo la materia, erano l'opposto di quello che serviva alla mia tipologia di fisico. Dopo un pò di allenamento, nonostante fosse scriteriato, come spesso accade a chi è all'inizio, vidi dei risultati, oggi mi sembrano scarsissimi, ma all'epoca mi motivarono a continuare. La cosa di cui mi pento di più è non aver avuto l'umiltà di capire che dovevo rivolgermi a un professionista e seguire un percorso ben pianificato. Ad ogni modo riuscii a diventare un minimo più forte e presi un po' di peso "buono". Un altro step era fatto, tra i militari ero adesso nella media (non un gran risultato se si guarda al livello generale di questa media).

Ma le lezioni della vita su questa materia non erano finite. Sentivo di voler fare di più, ero circondato da persone scarsamente motivate che mettevano a dura prova anche la mia motivazione, volevo cambiare aria e circondarmi di gente con idee simili alle mie, colleghi con cui condividere qualcosa in più, qualcosa di "più militare". Feci domanda per le selezioni di un reparto "speciale" della mia forza armata, guardai il bando, le prove fisiche richieste e pensai che avrei potuto farcela. Mi allenai di più e più intensamente, testando di tanto in tanto i requisiti per vedere se potevo farcela, ma ancora una volta senza consultare veri esperti e senza studiare. L'ambiente dei reparti ordinari non era per nulla stimolante per chi voleva fare qualcosa di più, anche dai superiori non veniva nessuna spinta a impegnarsi per fare bene ma, al contrario, venivi demotivato e preso persino in giro perché volevi andare a fartela con quelli che "hanno la guerra in testa".

I tempi erano ben diversi da oggi e magari in altre forze armate, sarebbe stato diverso già allora, ma da me era così, nessun aiuto, nessun supporto, eri tu da solo. Io ero così ignorante in materia da non capire nemmeno che a questo punto avrei dovuto rivolgermi a qualcuno fuori dalla caserma. Fatto sta che credevo di essere pronto e infatti superai le prove senza troppe difficoltà, con punteggi medio bassi, eccellendo solo nella prova di acquaticità (nuoto, apnea e galleggiamento).

Ero felicissimo di essere stato selezionato, mi sentivo parte di un gruppo "scelto", gli altri candidati erano persone come me, che credevano in qualcosa e che non avevano paura di affrontare le sfide.

Iniziai il durissimo corso di addestramento, dopo il primo shock della fatica intensa, del freddo, della privazione del sonno, alla fine il fisico iniziava ad adattarsi e a rispondere bene allo stress e al sovraccarico, la mente aveva trovato il modo di andare avanti e mantenere il ritmo del corso. I limiti di un allenamento troppo improvvisato e iniziato troppo poco tempo prima però, vennero presto fuori, durante una marcia zavorrata ebbi un infortunio al ginocchio che mi riportò dritto al reparto dopo solo due mesi di corso. Non era semplicemente un incidente, come tantissimi altri (oltre la metà dei partecipanti), con il tempo ho capito che quella era la punizione per anni di sedentarietà e allenamenti non costanti e fatti male. I muscoli crescono, è vero, ma il sovraccarico che un corso molto duro mette sul fisico, logora le articolazioni di chi, come me, non aveva delle basi di allenamento solide. Ci vuole tempo affinché il corpo intero si modifichi armonicamente per sopportare lo stress intenso.

Dopo questo episodio, mi convinsi che non era il lavoro per me e alla prima occasione (concorso interno per salire di ruolo) optai per incarichi più intellettuali, dove primeggiavo naturalmente senza difficoltà. Ogni anno facevo le prove di efficienza, le superavo con un po' di fastidio al ginocchio, ma tutto qui, non mi curai più del mio fisico, se non facendo un po' di mountain bike senza costanza.

Tutto così, fino a pochi anni fa, quando dopo essermi realizzato pienamente al termine di un periodo di transizione da militare a civile, fatto di viaggi, studio ed esperienze, mi resi conto che ora, oltre a secco ero pure grasso, una figura mitologica orrenda, senza muscoli e con la ciambella. Mi facevo così schifo che da quel momento in poi non ho mai più smesso di allenarmi, migliorando sempre e trovando una motivazione che non avevo mai avuto prima, tantomeno a vent'anni. Ovviamente non cancelli anni di alimentazione sbagliata e allenamento assente o scarso, ma se sei in salute, il fisico reagisce e puoi vedere risultati decenti se ti impegni con costanza e dedizione. Non sono motivato tanto dall'aspetto estetico quanto da quello pratico. Non sono diventato (almeno per ora) uno che definiresti "palestrato", non sono "massiccio". Però si vede che sto in forma, ho una postura corretta, una forza che non credevo di poter raggiungere e non c'è nessuna attività straordinaria che mi distrugge o debilita come succedeva prima.

Non ho più dolori e doloretti alla schiena. Riesco a passare ore e ore di allenamento al tiro con armi anche più pesanti del 70/90 (fucile d'ordinanza quando ero in servizio) senza che le prestazioni vengano inficiate. Continuo a crescere e a migliorare, il numero di trazioni aumenta di continuo ed ora sono in una forma che non ho mai avuto quando ero militare.

Questa è la dimostrazione del potere della mente (la nostra arma più potente) anche nel migliorare il nostro fisico. Queste due componenti devono viaggiare di pari passo, è ovvio che l'ideale sarebbe essere un genio con un fisico possente grazie alla genetica, è ovvio che resto sempre e comunque molto più prestante intellettualmente che fisicamente, che le mie attitudini naturali sono nei lavori che richiedono la mia mente. Non posso cambiare la mia genetica o raggiungere il livello di chi si allena da quando era ragazzino. Però ognuno di noi deve cercare di riequilibrare le sue doti naturali e portare corpo e mente ad essere in armonia tra loro. Non ci sono scuse.

2. LA FORMAZIONE CONTINUA

La conoscenza, il sapere, le abilità pratiche, sono cose che vanno regolarmente mantenute e incrementate. Non importa quanto ci si dedichi ad approfondire una materia, uscirà sempre fuori qualcosa che si può migliorare, più ci si addentra in una disciplina e più ci si rende conto di quanto ancora ci sia da imparare. L'approccio "operativo" alla formazione è multidisciplinare, questo significa che non è utile, nell'ottica di diventare più auto-sufficienti, perseguire la specializzazione estrema.

In una grande organizzazione, molto strutturata, come un'esercito, ognuno ha il suo ruolo e le conoscenze e competenze comuni sono solo quelle di base, si tende quindi a preferire la specializzazione.

Questo è comprensibile, se ci si dedica a una sola materia o ad un gruppo ristretto di materie, è più semplice diventare esperti ed esprimere il meglio, tanto poi ci sarà qualcun altro a occuparsi degli altri aspetti.

In una situazione di emergenza però, quando si deve fare affidamento solo su se stessi, la specializzazione estrema non ci viene in aiuto, non sarebbe così utile aver dedicato una vita a specializzarsi solo ed esclusivamente nel bushcraft per poi trovarsi a dover sopravvivere in ambito urbano e non avere mai studiato, né praticato le discipline che possono salvarci la vita. Dal mio punto di vista bisognerebbe dedicare energie a formarsi e praticare più discipline utili, ponendo più attenzione a quelle in cui siamo più carenti e a quelle di cui avremo bisogno negli scenari più probabili.

Tutti noi abbiamo delle preferenze e delle attitudini, è naturale che preferiremo alcune discipline su altre e che ci verrà più semplice approfondire quelle a scapito di altre. In inglese c'è un detto che dice: "Jack of all trades, master of none" che significa essere in grado di fare più cose, senza essere esperti di nessuna. Secondo me, in uno o due ambiti che ci piacciono di più è possibile anche diventare esperti, ma questo non deve avvenire a scapito delle altre discipline. Il detto inglese lo modificherei così: "Jack of all trades, master of some".

2.1 L'INGLESE

Al giorno d'oggi la conoscenza della lingua inglese non può più essere considerata opzionale. In realtà la sua importanza è affermata già da tempo, ma in Italia purtroppo, un po' per mentalità, un po' per inadeguatezza del sistema scolastico, l'inglese è sempre stato conosciuto poco e male. Tutto ciò è già tristemente evidente quando vediamo personalità importanti che non sono in grado di mettere insieme due parole in inglese senza coprirsi di ridicolo...
Conoscere l'inglese significa avere accesso a informazioni di prima mano, significa essere in grado di comunicare con tutto il mondo, significa essere al corrente prima degli altri, di fenomeni e mode che si diffonderanno (molto più tardi) anche da noi. I detrattori dell'inglese (posizione di un'ottusità incredibile) dicono: "l'inglese non è la prima lingua al mondo, conta di più il cinese o lo spagnolo perché è parlato da più persone".
Quelli che la pensano così non hanno centrato l'obiettivo,

l'inglese non va nemmeno considerato "una lingua", ma "la lingua" che tutti dobbiamo conoscere oltre a quella nostra nazionale, se ami le lingue poi impari anche lo spagnolo, il russo o il cinese, ma prima devi conoscere l'inglese. L'italiano è una lingua bellissima, che amo tanto e che mi permette di esprimere cose che in inglese non è possibile fare con tanta creatività e raffinatezza, ma è una lingua conosciuta e parlata solo in Italia. E se pure in Italia si parlasse una lingua più diffusa, questo non sarebbe motivo sufficiente per ignorare l'inglese. L'italiano va preservato, praticato e utilizzato senza inquinarlo eccessivamente con termini stranieri che, guarda caso, vengono abbondantemente utilizzati proprio da chi l'inglese non lo conosce minimamente e crede che buttare qualche parola inglese a caso mentre parla italiano "fa figo".

L'inglese è uno strumento, un attrezzo, come un martello o un cacciavite. La sua funzione è conoscere meglio il mondo. E quando dico inglese non parlo delle inutili e noiose lezioni di letteratura inglese che ci fanno a scuola, dove un professore (spesso poco competente) ripete a pappagallo, cose inutili che ha imparato all'università. A un ragazzo comune devi dare gli strumenti per comprendere il mondo e l'inglese è uno dei più importanti, assieme allo spirito critico e all'abilità di analizzare i fatti.

Se sei appassionato di letteratura inglese te la puoi tranquillamente studiare all'università o da autodidatta, ma dopo. Prima devi saper leggere un articolo di giornale, guardare un film senza doppiaggio, saper scrivere una email, guardare la BBC e la CNN (o France 24 o Russia Today o Deutsche Welle...).

Molti nostri studenti non sono in grado di fare nulla di tutto ciò, non sanno nemmeno ordinare un panino in un cafè di Londra. Tutto ciò, ci mette in una situazione di handicap di cui pochi capiscono la reale gravità. In ogni caso, noi siamo di un'altra pasta e ce ne frega poco che la scuola sia inefficiente e i professori scarsi... noi l'inglese ce lo impariamo da soli.

Ti esorto, se non l'hai già fatto, a dedicarti con energia e costanza a imparare l'inglese. Non riprendere i libri di scuola, non andare a rincoglionirti sugli esercizi di grammatica, non devi diventare scrittore o giornalista (se poi sapessi quanto poco conoscono la grammatica i madrelingua rimarresti sconcertato).

A noi, uomini e donne "d'azione" servono cose pratiche. Ci serve saper usare l'inglese come un grimaldello che apre mille porte. Se dimentichiamo una "s" alla terza persona singolare non fregherà niente a nessuno, se la nostra pronuncia non è come quella della BBC, men che meno. L'inglese non è più degli inglesi, per lo meno l'inglese "operativo" che serve a noi. È una lingua mondiale e ognuno la parla un po' a modo suo, ma tutti si capiscono ugualmente. I letterati o gli appassionati possono andare oltre e perfezionarsi, ma noi non possiamo permetterci di perdere tempo.

Devi essere in grado di comunicare a voce e per iscritto, devi leggere e comprendere i testi, quando lo farai con naturalezza avrai accesso a un mare di informazioni che i "guru" italiani delle varie discipline inizieranno a professare fra cinque o dieci anni. Devi essere in grado di ascoltare una conversazione e comprenderne il senso, poi col tempo ti perfezionerai, verrà naturale, ma non puoi permetterti di perderti nella grammatica, nella letteratura, nell'inglese arcaico, queste cose lasciamole ad altri.

Il nostro mindset "operativo" non è basato sulla specializzazione, non ci basterebbe il tempo e non serve ad essere autosufficienti e resilienti. Il tempo è poco e dobbiamo razionalizzare le risorse, il nostro è un approccio multidisciplinare e se prima padroneggiamo l'inglese come si deve, tutto il resto verrà molto più facilmente.

Ti racconto qual'è stata la mia esperienza con questa lingua pratica e semplice. Ho cominciato a studiare inglese alle medie, con un'insegnante che quando non proferiva parole inglesi usava un italiano approssimativo, quasi dialettale. La prof. non era mai stata in un paese anglofono, era laureata in lingue e letterature e secondo me sapeva quanti capelli aveva in testa Shakespeare, era poi un manuale di grammatica vivente, ma al di fuori di queste due cose non era in grado di usare un linguaggio moderno, né di insegnarci qualcosa di utile. Studiavamo le regole grammaticali e imparavamo a memoria testi tipo "I laghi della Scozia" o "Le province del Canada", nessuno di noi poteva dire dopo tre anni di inglese, con tre ore di lezione a settimana, di sapere un minimo d'inglese.

Al liceo non è andata molto meglio, solo che alle storielle varie si sostituiva la letteratura. Ad un certo punto però ho avuto un'insegnante molto brava, che conosceva l'inglese e che lo usava in classe il più possibile, si sforzava in tutti i modi di farci avere anche il lettore madrelingua, che ascoltavo con interesse, mentre mezza classe approfittava per ripassare le lezioni dell'ora successiva (!).

Non ero innamorato dell'inglese e non lo sono nemmeno adesso, però per fortuna in quella testolina qualcosa mi diceva di credere a chi diceva che dovevo impararlo, che era il futuro (in realtà era già il presente).

Probabilmente è stato per via della passione per i viaggi e per le avventure, fatto sta che in inglese al liceo non me la cavavo male, persino con i parametri sballati della scuola italiana, dove un secchione che impara a memoria la biografia di Geoffrey Chaucer prende un voto più alto di chi sa tenere una conversazione casuale in inglese.

Finita la scuola, in forza armata non ho avuto modo (ci ho provato, credimi) né di frequentare uno degli ottimi corsi di lingua intensivi, né di praticarlo più di tanto, fino a quando non sono stato assegnato ad un reparto stanziato in una base americana. Lì ho avuto modo di fare un piccolo salto di qualità, è stato naturale, essendo accasermato, iniziare a scambiare qualche parola con i militari americani nelle varie strutture ricreative della base, dai pub ai ristoranti.

Poi, grazie anche all'aiuto della mia compagna, vera appassionata di inglese fin da piccola, il mio inglese "americano" era migliorato ancora un pò. Dopo quell'esperienza, in seguito ad un concorso interno, ho avuto modo di ripassare nuovamente le basi di inglese come materia del corso di formazione. Avevo un'insegnante madrelingua più giovane di me e, quando quasi tutta la classe prestava attenzione solo alla sua bellezza, senza capire mezza parola di cosa dicesse, il mio inglese grazie a lei ebbe modo di risvegliarsi nuovamente e fare un altro passettino in avanti.

Al termine del corso fui ripagato con una certificazione JFLT (il test unificato di lingua a standard NATO di tutto rispetto (non in senso assoluto, ma relativamente al non aver mai fatto corsi, né soggiorni esteri). Tolti due ottimi elementi, il resto della classe prese zero al test NATO. Rinvigorito dall'aver superato un test che ritenevo ostico come il JFLT, aumentò la mia voglia di migliorare e iniziai a guardare i film solo in lingua originale, inizialmente con i sottotitoli in inglese, poi senza.

Per anni le mie ricerche internet, le riviste on line, i film, i video di YouTube, sono stati quasi esclusivamente in inglese.

Dopo aver preso la decisione di congedarmi è stato naturale quindi per me, andare all'estero e migliorare ulteriormente, ho vissuto quindi tre anni nel Regno Unito e questo mi ha consentito di migliorare notevolmente soprattutto nel parlato. L'esperienza all'estero inoltre ha confermato quanto giusta fosse l'importanza attribuita all'inglese. Nonostante il mio accento italiano e lungi dall'essere un professore o un esperto di lingua, l'inglese mi ha aperto mondi a cui non credevo di poter nemmeno aspirare lontanamente. Tra parentesi, ho conosciuto camerieri e cuochi italiani con la licenza media che parlavano inglese molto meglio di tanti professori italiani. In Gran Bretagna, ho avuto modo di produrre analisi e report in lingua inglese che dopo un po' non venivano più corretti e modificati perché in linea con le aspettative di un anglofono. Ribadisco che non sono un genio, né sono minimamente portato per le lingue. Ho faticato, ma ho faticato nel modo giusto.

Quando sento dire "vorrei imparare l'inglese, devo riprendere le basi grammaticali" dico sempre, lascia perdere, buttati e basta, ascolta, leggi, scrivi, comunica e soprattutto soggiorna più che puoi in paesi anglofoni, se sei motivato e mediamente dotato, raggiungerai il livello di inglese che serve ad aprire le porte della conoscenza. Poi se vorrai potrai sempre fare di più, nessuno te lo impedisce.

2.2 LA SICUREZZA

Nella società conflittuale contemporanea, specie negli ambiti urbani e sub urbani, la sicurezza è diventata una fonte di preoccupazione anche per le persone comuni. In base alle zone, i fattori di rischio possono essere di diverso livello e la probabilità di incappare in rischi per la propria incolumità può variare di molto. Di base è giusto essere pronti a tutto, sempre. Però è normale che il livello di allerta debba essere maggiore dove la probabilità di essere aggrediti, rapinati o derubati è più alta. Camminare per il centro storico di un paesino di provincia del centro Italia non è certo la stessa cosa che attraversare la stazione di Roma Termini alle undici di sera.

Per essere pronti in ambito sicurezza, bisogna per prima cosa mantenersi fisicamente forti, resistenti e agili, anche perché tatticamente, molto spesso è più utile fuggire ed evitare uno scontro dagli esiti incerti. Anche un professionista degli sport da combattimento, sa benissimo che sentirsi sicuri di sé e non evitare uno scontro può portare a realizzare (troppo tardi) che la persona con cui stiamo per scontrarci ha un coltello e contro un coltello, per di più estratto all'improvviso, a mani nude, non c'è molto da fare. Quindi per prima cosa teniamo presente che ogni via di fuga va sempre utilizzata quando possibile. Detto ciò, praticare sport da combattimento è sicuramente utile e di certo non è mai sbagliato, anche perché l'apporto di formazione che offrono va ben oltre l'aspetto pratico.

Le discipline da combattimento infatti temprano lo spirito e abituano ad incassare i colpi, anche in senso metaforico, una capacità che nella vita è fondamentale e che sembra diventare sempre più rara con l'andare avanti delle generazioni. Per proseguire nella preparazione agli eventi che minano la nostra sicurezza, bisogna anche studiare i casi reali, per vedere le dinamiche in gioco e le tattiche adoperate dalla criminalità, in questo è molto utile analizzare i video delle telecamere di sorveglianza ampiamente diffusi sul web. Tra le buone pratiche c'è poi ovviamente, la familiarizzazione con strumenti utili a pareggiare le forze (di cui parlerò più avanti). È bene poi ricordare che molto può essere fatto grazie all'atteggiamento che mostriamo in pubblico. Non devi sembrare un bersaglio facile (i preferiti dalla delinquenza), ma allo stesso tempo non bisogna essere provocatori e non mettere in campo atteggiamenti di sfida che possono portarci altri guai, per esempio fissare negli occhi per più di pochi attimi o alzare il mento. Anche riguardo alla sicurezza della propria abitazione bisogna studiare e approfondire le tattiche usate dai criminali e mantenersi sempre aggiornati con le contromisure tecniche da attuare. Farò ulteriori accenni alla sicurezza domestica in altri paragrafi.

2.3 IL PRIMO SOCCORSO

Fra tutte le discipline, la più utile è probabilmente il primo soccorso. Come molti, io per primo sono colpevole di non conoscerla e non praticarla abbastanza. Il primo soccorso è una di quelle cose che rientrano nell'alta probabilità di essere impiegate. L'eventualità di ritrovarsi a dover soccorrere qualcuno, che sia un familiare o uno sconosciuto è molto più alta di quella di dover sopravvivere nei boschi. Purtroppo però abbiamo un po' tutti un animo romantico e ci piace molto fantasticare di avventure nella natura selvaggia e molto meno prepararci a dover fermare un'emorragia o soccorrere qualcuno che stia soffocando al ristorante, prendendo ad esempio due situazioni estreme per la preparazione richiesta ad intervenire.

La materia medica è molto vasta e complessa, ma come per tutte le altre, a noi serve conoscerne le basi. Il primo step è studiare un buon manuale e per quanto mi riguarda, devo rifarlo periodicamente, perché non avendo particolare affinità con l'ambito sanitario, tendo a dimenticare velocemente quello che leggo.

Subito dopo le letture da autodidatta (o anche direttamente) è consigliabile approcciare ai corsi BLS/BLSD. Anche quelle insegnate in questi corsi sono abilità che si perdono facilmente e inoltre, ogni tanto, si evolvono le procedure. Per esempio le manovre di rianimazione in caso di arresto respiratorio, che ho imparato da militare diciotto anni fa, sono già cambiate varie volte.

Dopo i corsi BLSD, uno step successivo può essere quello di diventare un soccorritore, tramite organizzazioni come la Croce Rossa, la Misericordia ed altre, compatibilmente con il tempo a disposizione chiaramente.

È bene tener presente che il soccorso, oltre ad essere un'azione nobile e cavalleresca, è anche un vero e proprio obbligo di legge, la cui omissione è punita dal codice penale. In caso di incidente o di qualsiasi emergenza che mette a repentaglio la salute di una persona però, bisogna considerare che nessuno ci impone di agire se non sappiamo come farlo nel modo corretto, se non siamo formati è meglio non fare danni ulteriori, anche perché si è penalmente responsabili se il tentativo di soccorso provoca danni maggiori alla vittima.

La cosa più importante da fare è intanto quella di fermarsi e prestare attenzione a cosa è successo, allertando tempestivamente i soccorsi e fornendo tutte le indicazioni necessarie. Non è infrequente infatti che in questi casi ci si faccia prendere dal panico, alla vista del sangue e di fronte alle urla di dolore, è molto probabile per una persona comune, non riuscire a mettere in ordine le priorità per procedere nel modo corretto. È controproducente chiamare i soccorsi e non aver ancora capito dove ci troviamo e che tipo di intervento è richiesto, facendo solo confusione e non permettendo all'operatore di inviare i soccorsi idonei.

Gli operatori del 118 sono formati nelle procedure di soccorso e una volta che gli diciamo le informazioni essenziali come luogo dell'incidente, numero di persone coinvolte e tipologia di intervento richiesto, sono in grado di guidarci verso piccole manovre da attuare (e soprattutto non attuare) in attesa che i soccorsi arrivino sul posto.

L'osservazione attenta iniziale è importante, perché le situazioni di emergenza possono trarci in inganno e deviare la nostra attenzione o falsare le priorità. Ad esempio, una persona priva di sensi a bordo strada, che magari abbia impattato con la sua auto contro un ostacolo, potrebbe aver avuto un arresto cardiaco che ha causato l'incidente e non il contrario ed essere quindi a rischio per fattori diversi dall'impatto.

Se non siamo esperti la cosa più importante dopo aver compreso la situazione e allertato i soccorsi è sapere esattamente cosa NON fare e cosa evitare che altre persone sopraggiunte possano fare di dannoso.

Un esempio: non sono un soccorritore e come ho scritto sento di dover migliorare molto nel primo soccorso, però ho studiato in più occasioni le basi teoriche, quando ero in servizio ed ho partecipato anche a delle esercitazioni pratiche. Anni fa, mentre percorrevo una strada provinciale con la mia auto, subito dopo una curva ho trovato un veicolo incidentato, con due persone a bordo rimaste incastrate, lì vicino c'erano altri veicoli sopraggiunti prima di me e le persone che erano scese dalle auto stavano strattonando le vittime cercando di tirarle fuori dalle lamiere con la forza. La situazione era il classico esempio in cui a fin di bene si fa qualcosa di sbagliato. La prima cosa da fare (essendo anche buio) era allontanarsi prima della curva e segnalare l'incidente con un triangolo e magari con una macchina ben visibile (ma a bordo strada) con le quattro frecce lampeggianti. Poi si sarebbe dovuto osservare la situazione e guidare i soccorsi, ma senza tentare di estrarre le persone perché un movimento maldestro potrebbe provocare lesioni gravissime, magari a livello spinale, paralizzando il malcapitato.

Ovviamente ci sono situazioni in cui per cause di forza maggiore bisogna assumersi il rischio di intervenire, per evitare un danno ancora più grave e certo. Immaginate ad esempio di trovare una persona riversa a terra, probabilmente caduta da una scala, se normalmente non dobbiamo muoverla per il sospetto che abbia subito un danno spinale, la situazione cambia se la stessa si trova in mezzo alle fiamme, in tal caso dobbiamo intervenire e i corsi ci insegnano a capire come e quando farlo. Alla base di tutto, nel soccorso c'è mantenere la calma, riflettere, capire la situazione, chiamare e guidare i soccorsi e assistere le vittime nel frattempo, avendo prima messo in sicurezza l'area. Andare oltre, si potrà fare, ma per capire i propri limiti e sapere cosa fare bisogna formarsi per bene, frequentando corsi pratici oltre che teorici.

2.4 LA PREVENZIONE INCENDI

Altra emergenza molto comune, che tanti di noi già avranno avuto modo di affrontare nella vita è quella degli incendi. Le basi dell'antincendio non sono poi così difficili da padroneggiare, la materia può essere studiata anche da autodidatta. Occorre capire le dinamiche del fuoco, come si alimenta, quali sono i pericoli derivanti in base all'ambiente circostante. Bisogna capire le diverse tipologie di combustibile e sapere bene quali tecniche e strumenti utilizzare ogni volta. Tutti crediamo istintivamente che quando c'è un fuoco dobbiamo usare l'acqua, ma questo non è sempre vero, per esempio un incendio in prossimità di corrente elettrica non va affrontato con l'acqua, per ovvie ragioni, così come non va usata l'acqua su un contenitore pieno di liquido infiammabile, perché l'acqua innalzerebbe il livello del liquido facendolo fuoriuscire e quindi diffondendo ancora di più le fiamme. L'acqua su un liquido oleoso incendiato può dare origine addirittura ad una deflagrazione! Oltre allo studio della materia, sarebbe bene acquisire un estintore da tenere in casa ed uno più piccolo da tenere in auto, la tempestività dell'intervento impedisce che una stupida fiammella si trasformi in un danno irreparabile. La pratica si può effettuare allestendo dei fuochi controllati (occhio!) e utilizzando gli estintori che stanno per scadere, ma è comunque più utile, se si vuole approfondire, frequentare dei corsi appositi o fare del volontariato. Personalmente ho imparato le basi della materia da ragazzino, nella Protezione Civile e poi ho continuato con periodici briefing e prove pratiche durante la carriera militare. Ho affrontato vari incendi boschivi come volontario e più di una volta sono dovuto intervenire per fermare le fiamme di sterpaglie che minacciavano la zona in cui abitavo, una piaga ricorrente d'estate in tutte le zone a clima mediterraneo e arido. Ribadisco quindi che imparare le basi dell'antincendio e tenere pronti i mezzi idonei, ha un'altissima probabilità di uso reale alla pari del soccorso sanitario.

2.5 LE ARMI DA FUOCO

Comunque la pensiate sul divisivo argomento delle armi da fuoco, è innegabile che esse rappresentino l'unico e definitivo equalizzatore di forze per la persona comune, che si trovi, suo malgrado a doversi difendere da un'aggressione ingiusta. Non c'è altro modo, ad esempio, per una donna sola che vive in periferia, di difendere sé stessa, la sua proprietà e i suoi figli dall'irruzione anche solo di un criminale, magari pesante il doppio di lei. Un'arma, è uno strumento come tanti altri, non più pericoloso di una motosega e come quest'ultima va utilizzato con buon senso e dopo aver ricevuto un'adeguata formazione. Chi segue i miei contenuti su Instagram e Telegram, avrà capito che l'ambito in cui sono più preparato è quello delle armi da fuoco. Quella delle armi, infatti è sempre stata per me una sana passione, fin da ragazzino, un divertimento responsabile, ben prima di divenire uno strumento di lavoro in forza armata.

Le armi da fuoco sono strumenti altamente regolamentati, da una normativa che, in Italia è complessa e delicata. In altre nazioni, per fortuna non tantissime, l'accesso alle armi da fuoco è ancora più restrittivo, con intere tipologie di armi proibite ai civili (quasi sempre per ragioni demagogiche o per mascherare le falle delle politiche governative in materia di sicurezza e di controllo sui soggetti pericolosi). Per la loro natura di oggetti "concessi" le armi non sempre possono essere disponibili a tutti. Nel caso di un'aggressione per strada ad esempio, in Italia, la probabilità che un bandito si ritrovi di fronte una persona armata è molto bassa. Infatti, come immagino già sai, se per un incensurato maggiorenne e sano di mente è relativamente fattibile acquisire armi per caccia, sport e difesa abitativa, è al contrario praticamente impossibile portarle al seguito per difesa. In base a queste premesse, chi è tra i pochi ad avere l'onere/onore di portare armi per difesa potrà senz'altro implementarne l'uso nella strategia di sicurezza personale, per tutti gli altri le armi saranno strumenti ludici, sportivi o relegati alla protezione della propria casa. Per quanto riguarda la legislazione in materia suggerisco di informarsi leggendo la Sintesi del diritto delle armi a cura del magistrato Edoardo Mori, inoltre può essere utile seguire le riviste di settore per venire a conoscenza di cambiamenti nella legge e sentenze varie. Per avvicinarti alle armi per la prima volta, se ne hai requisiti, il primo passo è prendere il certificato di idoneità al maneggio (se non sei un militare in servizio o congedato da meno di dieci anni) e seguire un po' di lezioni al Tiro a Segno Nazionale, prima di avviare l'iter per prendere una licenza. Dalle grandi potenzialità dell'arma da fuoco derivano grandissime responsabilità. Il detentore di armi deve essere una persona dal comportamento inappuntabile, non deve essere litigioso, negligente, superficiale. Se ti avvicini al mondo delle armi con umiltà e passione, ne trarrai grandi insegnamenti e benefici sull'autocontrollo e la personalità (nonostante le fesserie che dicono i vari intellettuali politicizzati). Però c'è da considerare una cosa, anche se la stragrande maggioranza di prepper, survivalisti, ecc. me compreso, lo confesso, pone grande accento sulle armi e su tantissimi dettagli (ammettiamolo, poco rilevanti) ritengo che se si guarda alle armi da un punto di vista puramente pratico (escludendo quindi la passione o lo sport) la loro importanza nella preparazione debba essere ridimensionata e tenuta al giusto posto. Non ci addestriamo ad essere soldati, per lo meno non è questo il target a cui mi rivolgo in questa pubblicazione. I civili, a mio avviso devono saper usare le armi responsabilmente, ma non devono illudersi di improvvisarsi dei combattenti in tempi bui, né sprecare risorse economiche, tempo ed energie in quella direzione. È molto più saggio, dare alle armi la giusta priorità, relativamente al proprio status. Ovviamente un agente delle forze dell'ordine, un militare o una guardia giurata avranno maggiore bisogno di addestrarsi con le armi. Il civile comune, con la mentalità da "prontezza operativa" una volta acquisita la giusta disciplina, potrà addestrarsi quanto e come lo vorrà, purché questo non vada a discapito di altre capacità parimenti importanti. Inutile fare tutti i corsi "tacticool" di CQB (combattimento ravvicinato) o di tiro a lunga distanza con i migliori istruttori, spendendo migliaia di euro all'anno in armi e munizioni e poi non saper fare un massaggio cardiaco o allestire un riparo di fortuna e tante altre cose. Questo lo dico anche a me stesso, cerco sempre di separare l'aspetto ludico/sportivo delle armi, da quello pratico e da quando lo faccio con maggiore coscienza, distribuisco molto meglio le mie risorse tra tutte le varie discipline della "sopravvivenza operativa" nel senso più ampio. Anche nello scenario più catastrofico e per fortuna meno probabile, di un collasso completo della civiltà, in cui tutte le leggi non sono più rispettate da nessuno, non sarebbe saggio andarsene in giro a ingaggiare conflitti a fuoco qui e lì, sperando di sopravvivere ogni volta, è poco realistico, oltre che suicida. La strategia dev'essere anche in un caso estremo come quello, sempre improntata al non apparire, bisogna evadere, eludere, aggirare, nascondersi, sottrarsi al potenziale avversario. Solo così si può sperare di sopravvivere a lungo. Per la persona responsabile e preparata che vuole includere le armi da fuoco nella sua preparazione, il consiglio è prima di tutto quello di studiare e conoscere la materia, le leggi e le buone abitudini di sicurezza nel maneggio, fino a far diventare il tutto naturale. Dopo si potrà acquistare la prima arma da fuoco. Per quanto mi riguarda, se non siete già appassionati e molto dentro alla materia (e quindi con preferenze già consolidate) consiglio una pistola semiautomatica di dimensioni medie o grandi, polimerica con funzionamento a percussore lanciato, in calibro 9x19 o 9x21. Tipicamente consiglio una Glock 19 o 17. L'arma è diffusissima in tutto il mondo e ricambi ed accessori sono abbondanti. Si tratta di una pistola affidabile e semplice da manutenere e utilizzare. Non è di certo la miglior pistola da tiro mirato o da tiro dinamico, ma se non siete interessati a queste discipline, non c'è motivo di andare a complicarsi la vita con modelli più costosi, esotici o raffinati. Se sei cacciatore e hai più confidenza con le armi lunghe o non ti interessa imparare ad usare le armi corte, potresti optare per un fucile a canna liscia semiautomatico in calibro 12, con canna relativamente corta (18-20 pollici). Il fucile è un'arma devastante e molto efficace a breve distanza per fermare qualsiasi aggressore o animali selvatici, inoltre ha una grande versatilità perché consente di caricare diversi tipi di cartucce, dalle più leggere o persino non letali in gomma, fino ai pallettoni o le slug (palla unica, come quelle che si usano nella caccia al cinghiale). I fucili semiautomatici però potrebbero non riarmare con le cariche più leggere, quindi bisogna sempre prima testare per bene in poligono le cartucce che vorremmo usare per difesa. In alternativa si può optare per il sistema a pompa, sono armi molto economiche e possono utilizzare ogni tipo di munizione calibro 12 perché non si basano su un automatismo, ma è il tiratore ad azionare il riarmo. Il difetto dei fucili a pompa è che richiedono molto più addestramento perché è comune non armare completamente quando si è sotto stress e quindi ritrovarsi la camera di cartuccia vuota al momento del bisogno. Salvo esigenze particolari di persone che girano armate (e che quindi hanno le loro regole d'istituto o altre considerazioni a cui badare) per il civile armato, è necessario tenere le armi in cassaforte quando non si è in casa o se ci sono bambini o ospiti. Nonostante quanto dice la *vox populi* e vari malinformati, non esiste nessun obbligo di tenere le armi scariche o smontate in casa quando siamo presenti, a patto che siano fuori dalla portata di bambini o persone non autorizzate al loro utilizzo. Del resto come si potrebbe difendere (cosa consentita dal codice penale) una persona in casa sua se l'arma è smontata? La soluzione ideale è avere l'arma in un armadietto in una posizione centrale della casa, per esempio in camera da letto, vista la probabilità maggiore di irruzioni di notte. Il serbatoio a mio avviso dev'essere carico, ma consiglio di tenere la camera di cartuccia vuota e addestrarsi ad armare celermente in caso di bisogno. Se si vive da soli o tutti i membri della famiglia sono idonei al maneggio delle armi (cosa auspicabile, ma impossibile se ci sono minori) la notte si potrebbe tenere l'armadietto aperto. È fondamentale considerare che se abbiamo un'arma in casa dobbiamo prima avere delle difese passive e sistemi di allerta per permetterci adeguati tempi di reazione, in modo da non ritrovarci il malintenzionato con le nostre armi puntate contro di noi. Riassumendo quindi, oltre alla pistola in calibro 9 e/o al fucile calibro 12, man mano che ci si addentra nella materia si può optare anche per una carabina semiautomatica in .223 Remington (opzione più economica tra i calibri da arma lunga rigata) oppure per una pistola "imbracciabile" sempre in calibro 9. In casi specifici di regolamentazioni restrittive, come in Regno Unito ad esempio, essendo proibite tutte le armi corte e le lunghe rigate semiautomatiche superiori al .22, si può optare per il fucile a canna liscia o per una carabina a leva in calibro da pistola (tipo Winchester o Marlin). Per esigenze diverse da quella della protezione personale, le armi eventualmente da caccia vanno scelte in base al tipo di selvaggina che si intende cacciare, alle regole venatorie locali e alle preferenze personali. L'unica cosa che va considerata è che la caccia come mezzo di sostentamento, alle nostre latitudini è poco probabile in caso di grave emergenza. A meno che non vivi in un luogo veramente remoto e isolato (difficilmente in Europa centrale o meridionale) l'opzione caccia non è fattibile nel lungo termine, in situazioni di emergenze generali, le prede, già scarse sarebbero sterminate in poco tempo, per cui consiglio di dedicarti alla caccia solo se già è una passione che eserciti in tempi normali o se ti interessa per altre ragioni. Per la sopravvivenza può essere utile saperlo fare, ma non la considero, da noi, di primaria importanza.

2.6 LA SOPRAVVIVENZA

La sopravvivenza in senso stretto (quindi in ambienti

naturali) è una disciplina che in genere è relegata ad alcuni ambiti specifici, in cui le persone, per via dell'attività che svolgono, hanno una probabilità maggiore di ritrovarsi in situazioni di rischio. Chi lavora in mare ad esempio frequenta corsi di sopravvivenza in acqua, stesso discorso per gli equipaggi di volo militari e civili. I soccorritori in zone alpine, gli escursionisti, le guide, sono altre categorie di persone che dedicano più energie alle tecniche e alle dotazioni di sopravvivenza per l'ovvia probabilità di averne bisogno. Personalmente ritengo che una persona comune di oggi, possa anche fermarsi a conoscere teoricamente i concetti più elementari della sopravvivenza in natura. Al contrario una persona che voglia abbracciare uno stile di vita dinamico e votato alla "prontezza operativa" non può fare a meno di conoscere e praticare almeno saltuariamente le tecniche più importanti, a maggior ragione se la propria strategia di allenamento e preparazione include molte attività all'aria aperta. Le basi elementari della sopravvivenza in ambienti naturali si possono acquisire studiando i manuali e facendo tanta pratica. Senza spingersi a immaginare situazioni estreme, una situazione di sopravvivenza può presentarsi abbastanza facilmente, per un qualsiasi imprevisto ad esempio si può non essere in grado di tornare nei tempi previsti ed essere costretti a passare la notte fuori senza avere l'equipaggiamento idoneo. Quando facevo escursioni sulle Highlands scozzesi era abbastanza comune l'arrivo improvviso di una nebbia fittissima che impediva ogni movimento, non era improbabile ritrovarsi bloccati in quota per ore e non essere in grado di tornare prima del buio. Vista la possibilità di una simile evenienza, portavo sempre con me un bivy bag leggero e qualche strato di abbigliamento in più, ma una situazione del genere, senza l'equipaggiamento giusto o la preparazione necessaria, può facilmente diventare un pericolo per la vita, ad esempio si rischia l'ipotermia anche in estate se le condizioni si allineano in modo sfavorevole contro di noi (vento, pioggia, ecc.). Per essere previdenti e avere più possibilità di cavarsela in caso di eventi imprevisti nella natura, in genere più abbiamo praticato la materia e meno materiale abbiamo bisogno di avere con noi. I kit di sopravvivenza sono ideati proprio per permettere a una persona comune di avere più possibilità di successo, ma chi si appassiona e si addentra nella materia può arrivare a fare a meno di molti oggetti, riuscendo a procurarseli o ricavarli in natura. Tutto dipende ovviamente dall'ambiente in cui ci si trova ad operare, in genere però alle quote boschive, in climi temperati, in presenza di vegetazione è possibile fare molto. La disciplina che studia e pratica il sopravvivere nei boschi con meno strumenti possibili è il bushcraft, recentemente diventato molto di moda anche in Italia.

2.7 IL BUSHCRAFT

Il bushcraft, in realtà non è semplicemente sopravvivere, ma può offrire molto di più. Gli esperti di questa materia infatti, nel loro percorso di studi e di pratica, puntano sempre più ad ottenere una permanenza piuttosto confortevole nella natura, che va oltre la semplice sopravvivenza. Inutile dire che, se si padroneggiano le tecniche primitive e ancestrali che hanno permesso all'uomo di evolversi fino al giorno d'oggi, sarà molto più semplice sopravvivere in caso di emergenza, e nel caso si sia costretti a prendere la via dei boschi per un tempo prolungato, un bushcrafter potrà sicuramente adattarsi più rapidamente ad una quotidianità meno comoda e più spartana di quella urbana. Personalmente ritengo il bushcraft molto interessante, ma non punto a divenirne un maestro, per il solito motivo che le discipline da studiare e approfondire sono già moltissime e alle nostre latitudini, anche in caso di estrema emergenza collettiva, non vedo molto probabile l'eventualità di dover vivere in maniera così primitiva. Inoltre l'area in cui mi trovo ad operare quotidianamente è altamente antropizzata, pianeggiante e priva o quasi di boschi, anche solo la pratica mi richiederebbe spostarmi di molti chilometri. Detto questo però, il bushcraft è una disciplina molto educativa, insegna a pensare fuori dagli schemi, a ingegnarsi e nel farlo, raggiungere un'armonia con l'ambiente, il che porta con sé tantissimi altri benefici. Migliora l'autostima, dà fiducia nelle proprie capacità, e rende liberi anche da tantissimo equipaggiamento superfluo durante le escursioni, man mano che si diventa più esperti. Lo studio del bushcraft è fattibile anche da autodidatta, ma esistono ottimi corsi di formazione sia in Italia che all'estero (soprattutto in UK, dove si è diffusa per prima questa disciplina). La pratica continua, nel bushcraft, è fondamentale, ancora più che in altre discipline. Per padroneggiare il bushcraft sono richieste ore e ore da passare nei boschi e se ti appassiona e puoi permetterti di dedicare il tempo necessario, o ancora se nella tua "area di operazioni" l'ambiente boschivo è preponderante e ritieni probabile doverti spostare a vivere in natura in futuro, di certo questa disciplina non può far altro che aumentare il tuo bagaglio e le tue capacità individuali e farti sicuramente passare ore di divertimento all'aria aperta.

2.8 USO DEI MEZZI

Tutti noi abbiamo un'automobile, una moto, una bicicletta. I mezzi di trasporto personali, in alcuni contesti non sono semplicemente dei lussi, ma delle necessità. Per chi vive in una città, ben servita dal trasporto pubblico può essere opportuno risparmiare i costi che un mezzo personale porta con sé, ma in molte parti d'Italia, è semplicemente impossibile muoversi agilmente senza un mezzo proprio. Qualsiasi mezzo ti troverai ad usare, devi essere sicuro di saperlo fare nel modo migliore, se ad accendere il motore e mettere le marce siamo tutti capaci, per spremere il meglio e soprattutto in sicurezza dai nostri mezzi ci vuole la formazione adeguata. La guida sicura di auto e moto, non è una di quelle cose che si può imparare leggendo un manuale, per raggiungere le abilità necessarie serve frequentare specifici corsi di formazione. Se abbiamo un mezzo fuoristrada a trazione integrale poi, sarà quasi controproducente se non impariamo come sfruttare al meglio le sue capacità, conoscendo a fondo le dinamiche in gioco. La mia esperienza con la guida è quella di un normale utente che però ha praticato fuoristrada con la moto e che è stato formato in maniera basica, all'uso dei mezzi a trazione integrale nelle forze armate. Ho poi praticato un po' di guida fuoristrada anche per conto mio, con una Toyota Land Cruiser molto vecchia, ma un vero carro armato, diciamo che le basi minime essenziali sono coperte. Resto però carente nella guida sicura su strada, che non ho mai approfondito, cosa che mi riservo di fare in futuro. Saper controllare la macchina in situazioni di scarsa aderenza ad esempio, con neve o ghiaccio, saper manovrare in velocità per contrastare imprevisti e tante altre abilità, sono, inutile dirlo, molto importanti. Può sembrare superfluo o improbabile, ma già a me è capitato due volte di essere inseguito, una volta ero patentato da una settimane e avevo il sedere incollato alla macchina tutto il giorno, giravo per la sola felicità di essere diventato grande. Si trattava un tentativo di rapina, successo sulla corsia di decelerazione di una statale, di notte, fallito perché era sopraggiunta un'altra macchina che ha impedito ai due loschi individui di proseguire, mentre io pericolosamente percorrevo in retromarcia quella corsia per non fare avvicinare uno dei due allo sportello. Un'altra volta invece era un idiota che, dopo aver quasi colpito una vecchietta sulle strisce pedonali, in pieno centro città, è impazzito (perché io mi ero fermato a farla passare) e mi ha inseguito per una decina di minuti cercando di stringermi al bordo strada per fermarmi. In entrambi i casi, una maggiore dimestichezza con la guida veloce e sicura avrebbe potuto essermi sicuramente utile.

Spesso, quando viviamo in un contesto ovattato, siamo portati a pensare che le cose accadono solo nei film o solo agli altri, ma ti assicuro che se "vivi" realmente e viaggi molto, anche in luoghi poco rassicuranti (bastano le nostre stazioni ferroviarie di notte) le cose succedono e vedi di frequente episodi che riguardano te od altre persone, che ti fanno pensare... sta a noi trarne insegnamento.

Un altro aspetto, relativo ai mezzi e al loro utilizzo nell'ambito di una "mentalità operativa" è quello della manutenzione ordinaria, nei limiti del possibile è auspicabile conoscere le basi della meccanica dei nostri mezzi ed essere in grado di effettuare le operazioni di manutenzione più semplici come cambiare una ruota, sostituire i filtri e l'olio, le lampadine, riparare piccoli danni, eccetera. Non significa che dobbiamo diventare dei meccanici provetti, ovviamente chi ha questa predisposizione potrà di certo farlo, ma per la maggior parte di noi, sarà sufficiente conoscere le basi e saper far da sé almeno le operazioni più comuni, che in caso di emergenza ci possono essere molto utili. Più è semplice il mezzo in questione e più tipi di operazioni possiamo imparare a fare in autonomia. Non sto dicendo che devi prendere la tua nuova macchina o moto e invalidare la garanzia facendoti da solo i tagliandi, se non sai nemmeno svitare un bullone, però con la giusta prudenza, un po' di formazione e iniziando da mezzi più semplici e più vecchi, puoi migliorare la capacità di manutenere i tuoi mezzi in autonomia. Questo discorso è ovviamente ancora più semplice partendo da moto e biciclette. Ognuno deve capire il proprio limite e possibilmente cercare di spostare l'asticella sempre un po' più avanti. Io ho imparato molto guardando i meccanici all'opera e parlando con persone più esperte di me. Nella nostra routine quotidiana è naturale delegare tutto agli specialisti, ma purtroppo quando le cose si mettono male, non saper fare nulla da sé è un vero handicap. Pensa a chi si trovava in Ucraina i primi giorni di bombardamenti, quando, appurato che l'invasione russa stava avvenendo davvero, in molti, dotati di mezzi propri hanno cercato di scappare a ovest verso la Polonia. Anche rimediare a una semplice foratura, cambiando la ruota, se non lo si è mai fatto e non si è persone pratiche, può essere un problema in un contesto del genere. In situazioni come questa, non puoi dare per scontato l'aiuto di qualcuno, quando sono prese dal panico, le persone cambiano atteggiamento e sono naturalmente portate a pensare ai propri interessi e a quelli della propria famiglia. Molto meglio aver fatto un po' di pratica in tempi "tranquilli" che scoprire di non saper fare nulla quando ne avremo veramente bisogno.

2.9 LE COMUNICAZIONI RADIO

Al giorno d'oggi, la comunicazione a distanza è efficiente e immediata, semplice ed economica. Tra fibra ottica, reti mobili e satellitari, i nostri messaggi arrivano in un attimo in tutto il mondo. Ma c'è un problema, questo sistema non è poi così resiliente. Tutta la rete di comunicazioni digitali che usiamo quotidianamente in realtà è piuttosto fragile. Inoltre in molte zone d'Italia, paese prevalentemente montano e collinare, la copertura del segnale mobile non è sempre così affidabile già in condizioni ordinarie.

Mettere in piedi un sistema di comunicazione alternativo, più primitivo e resiliente non è poi così difficile, basta guardare indietro di venti o trent'anni e fare un piccolo passo indietro tecnologico. I mezzi di comunicazione "off grid" possono permetterci, in situazioni di emergenza, quando la rete non funziona a causa di incidenti o altro, di continuare a comunicare in maniera indipendente. Gli apparati radio, specie se analogici, sono resilienti, perché basta un'antenna e un sistema di alimentazione (una batteria, un pannello solare o un generatore) per essere in grado di comunicare con altre persone che trasmettono e ricevono sulle stesse frequenze. Un piccolo pannello solare, un vecchio "baracchino" in banda cittadina (CB - Citizen Band) e una semplice antenna per alta frequenza (HF) posta in posizione elevata, sono tutto ciò che serve per continuare a comunicare anche quando la rete telefonica/internet non funziona. Ogni apparato radio ha delle caratteristiche a sé, i diversi sistemi offrono capacità differenti e soddisfano scopi specifici.

La banca cittadina, per decenni è stata il modo più accessibile per avvicinarsi alle radiocomunicazioni, senza grossi investimenti e con poca o zero burocrazia. Anche se sono un millennial (i nati tra l'81 e la metà degli anni '90) ho fatto in tempo a conoscere questo mondo ormai quasi estinto. Io e molti dei miei amici avevamo in casa un baracchino in banda cittadina e la sera prima di andare a dormire, si faceva qualche collegamento per scambiare due chiacchiere. La città e le sue frazioni erano tutte interamente coperte per chi aveva un'antenna esterna o veicolare, con gli apparati portatili invece il raggio d'azione era molto più breve. Bisogna considerare che i CB per essere così accessibili ed esenti dalla patente di radioamatore, sono limitati a cinque Watt di potenza, ma nonostante ciò non era impossibile in certe condizioni ideali, riuscire a fare collegamenti a lungo raggio, nell'ordine di centinaia di chilometri. Per noi ragazzini di scuola media, il baracchino era un passatempo e un modo per comunicare senza spendere soldi. In un'epoca in cui gli SMS si pagavano, le telefonate con i cellulari erano costose, e non tutti i teenager avevano un cellulare, noi con il baracchino sceglievamo un canale, tra i quaranta disponibili, su cui chiamarci se c'era da dirci qualcosa, bastava regolare lo *squelch* in modo da silenziare il rumore di fondo e lasciare l'apparato acceso mentre facevamo i compiti o eravamo in casa. Uno dei più intraprendenti tra i miei amici, sviluppò persino un rudimentale codice con cui comunicare quando dovevamo trasmettere dati "sensibili", era composto dalla semplice sostituzione delle lettere, ma all'epoca credevamo fosse impenetrabile come la cifrante ENIGMA (sappiamo che non lo era nemmeno lei, in realtà!). Quando uno di noi doveva dire qualcosa di riservato, si diceva una frase (che non ricordo più) e tutti sapevamo su quale canale spostarci, poi prendevamo il foglio con la CIFRA, rigorosamente scritto a penna su un foglio di quadernone a quadretti e ci preparavamo a decifrare il messaggio segreto. Inutile dire l'alta rilevanza strategica di quei messaggi, tipo: "Federica fa le corna a Paolo con Luigi" o roba del genere.

Ragazzate a parte, gli apparati radio possono ancora darci qualcosa in situazioni di emergenza e saperli adoperare ed installare, nonché conoscere le regole essenziali delle radiotrasmissioni è un obiettivo che ritengo importante perseguire. Oltre alla banda cittadina, il *baracchino* CB, esistono altri sistemi, dedicati ai radioamatori con licenza, non sono aggiornato sulla burocrazia prevista, ma credo che questi altri tipi di apparati (HF, VHF, UHF) siano interessanti solo per chi abbia voglia dedicarsi all'hobby un pò nostalgico del radioamatore. Per tutti gli altri, per questioni di costo, burocrazia, licenze, è sufficiente conoscere e saper allestire una rete di CB per comunicare con amici "operativi" e parenti, magari dotando la casa di campagna di un'antenna e una radio per poter essere in comunicazione con l'abitazione principale o con i nostri veicoli.

Per le comunicazioni a breve distanza, quando si è in giro, ci si potrebbe dotare di radio portatili a standard PMR 446 (di facile accesso senza licenza) che, in base all'orografia del luogo, consentono di restare in contatto a qualche chilometro, mentre si opera nella stessa area. Esempio: la rete mobile è offline per un guasto all'unico ripetitore della zona e Gigi è nel bosco vicino casa a raccogliere legna per la stufa, ha la radio PMR appesa alla cintura. La moglie di Gigi, per restare in contatto con lui ha poggiata sul tavolo della cucina un'altra ricetrasmittente, sintonizzata sulla stessa frequenza, nel più banale dei casi a un certo punto prenderà la radio è dirà: "Gigi mi ricevi? Il pranzo è pronto in dieci primi". Come vedi non c'è bisogno di scomodare l'apocalisse zombie per trovare l'utilità di stare pronti e abbracciare uno certo mindset.

Tutti questi sistemi andrebbero sperimentati e praticati in tempi ordinari, in modo da essere pronti in caso di emergenza. Siamo abituati a dare per scontato i messaggi di Whatsapp o le telefonate cellulari, ma potrebbe essere necessario un giorno riadoperare queste vecchie tecnologie e per questo motivo è necessario conoscerne i limiti e le potenzialità per tempo. Tutto sommato il costo iniziale non è poi così elevato e se non ci si vuole dotare di questi sistemi sarebbe utile quantomeno apprendere come funzionano. Per esempio, quante persone al giorno d'oggi sanno che le radio trasmittenti classiche, operando normalmente su una sola frequenza non consentono di parlare contemporaneamente? Con questi sistemi infatti non si può parlare come se si fosse in una telefonata, bisogna parlare lo stretto necessario e poi lasciare all'altro il canale libero per rispondere. Inoltre la qualità della voce non è sempre chiara e stabile come nelle telefonate attuali, per cui è essenziale scandire bene le parole e saper usare un alfabeto fonetico (per esempio quello della NATO: Alfa, Bravo, Charlie, ecc.).

Per un militare o un appassionato, sono tutte informazioni ovvie, ma non è così per tutti e se in futuro, in tempi difficili dovremo comunicare con i nostri amici e parenti con le radio, è meglio sapere come usarle per tempo e accertarsi che lo sappiano fare anche gli altri componenti del nostro gruppo di persone di fiducia. Per informazioni aggiornate sulle leggi e gli adempimenti necessari ad utilizzare le varie tipologie di radio, bisogna fare riferimento al sito del MISE (www.mise.gov.it).

2.10 LA CONOSCENZA DEL TERRITORIO

La conoscenza del territorio in cui ci troviamo a operare e a vivere, riveste un aspetto fondamentale nella preparazione ad ampio spettro verso le emergenze, piccole o grandi, che possono capitarci. Più tempo prevediamo di soggiornare in un dato ambiente, più è importante che la conoscenza del luogo sia approfondita. Se per un soggiorno di una settimana in un luogo nuovo (non importa se si tratti di città, campagna o altro) è sufficiente acquisire le informazioni di base prima della partenza e poi fare il punto una volta arrivati, per soggiorni più lunghi o per il luogo in cui viviamo in maniera stanziale, dobbiamo agire in modo da andare più in profondità. Molti di noi, nonostante vivano da anni nello stesso territorio, non si sforzano, tanto per fare un esempio, di conoscere le strade secondarie, quelle di campagna, meno battute, che spesso sono antichi itinerari un tempo molto trafficati, prima dell'avvento delle automobili. Conoscere le vie di comunicazione secondarie è di vitale importanza e, come sempre, non è necessario andare a valutare gli scenari più estremi, come ad esempio la necessità di evacuare un territorio evitando checkpoint o altri ostacoli. Basta già immaginare una situazione più comune, come ad esempio una deviazione o una interruzione del percorso principale nel nostro itinerario. Una semplice scocciatura, come appunto un'interruzione dovuta a un incidente stradale, può diventare un problema serio se ad esempio accade qualcosa che ci richiede di muoverci celermente, come l'attivazione dell'allarme di casa o la telefonata di una persona cara che ha bisogno di aiuto. Per conoscere bene un territorio dal punto di vista morfologico, stradale e geografico, al giorno d'oggi la tecnologia ci mette a disposizione una preziosa serie di strumenti, che un tempo erano impensabili o appannaggio dei militari. Nel tempo libero, ancora oggi, nonostante ormai abiti nel luogo in cui sono nato e cresciuto, dedico una mezz'oretta a esplorare virtualmente la mia provincia e quelle limitrofe, con l'aiuto di Google Earth e Street View, immaginando scenari più o meno probabili e ipotizzando degli itinerari, come semplice esercizio mentale (approfondirò il concetto nel paragrafo apposito). I due strumenti di Google, sono i più semplici e alla portata di tutti per un'esplorazione casuale o per farci un'idea di un luogo prima di raggiungerlo. Esistono poi altre applicazioni più complesse e avanzate che richiedono maggiore pratica e conoscenze di base, ma che ci permettono di programmare itinerari anche in terreni accidentati, nonché di avere un quadro più preciso dell'orografia, grazie alle curve di livello della cartografia di tipo topografico. Conoscere un territorio, non significa però, solo conoscere le strade secondarie e i percorsi alternativi o semplicemente l'orografia del terreno, è infatti importante, ai fini di una preparazione a tutto campo, prestare attenzione anche a tutti gli aspetti umani e culturali di un luogo. Se questo tipo di conoscenza è automatica e scontata in un luogo familiare, come quello in cui siamo cresciuti, lo stesso non può dirsi quando ci si trova in un posto nuovo, dove la cultura è diversa. Per questi aspetti, come per gli altri, le ricerche online prima della partenza sono molto utili. Anche consultando le guide di viaggio, è possibile acquisire tante informazioni di base per rendere più agevole e sicura la permanenza in un dato territorio, tenendo sempre a mente che la migliore strategia in tutti i casi è sempre quella di non apparire *fuori luogo,* nell'aspetto (nei limiti del possibile), nell'atteggiamento, nei modi di comunicare, ecc.

In passato mi sono trovato a vivere in posti diversi da quello in cui sono cresciuto, tranne brevi soggiorni per vacanza o corsi militari, il resto delle esperienze hanno avuto una durata da uno a tre anni e hanno riguardato regioni d'Italia molto diverse e agli estremi per clima e cultura e un paio di nazioni estere europee, pertanto la mia esperienza è limitata in quanto all'aspetto culturale (i problemi da affrontare per conoscere il territorio non sono certo gli stessi di un europeo che si trovi a vivere in Asia o in Africa). In tutti i casi comunque, la prima cosa che ho fatto è acquistare una carta dell'area, in alcuni casi una semplice mappa stradale in scala 1:500.000, in altri mappe più dettagliate, alcune anche topografiche 1:25.000 e 1:50.000. La scelta per la carta è pura preferenza e forse nostalgia, anche se devo dire che la memoria fotografica, almeno per me, funziona molto meglio di fronte alla carta vera, che di fronte a uno schermo. Grazie all'avere sempre sotto mano una mappa, ho subito avuto chiaro in mente il quadro generale del territorio in cui mi trovavo, poi, pian piano, facendo gite ed escursioni nel tempo libero, ho approfondito la conoscenza del territorio anche dagli altri punti di vista. Con questo non voglio dire che ho sempre e solo viaggiato con in testa l'obiettivo di conoscere il territorio in caso di emergenza, ovviamente l'ho fatto anche perché mi piace esplorare e conoscere posti nuovi. Nelle aree meno antropizzate è molto utile conoscere la posizione delle risorse del territorio, come le fonti d'acqua, i boschi, eventuali rifugi, casolari abbandonati, ecc. L'aspetto della conoscenza del territorio, rappresenta per me l'aspetto più interessante della preparazione "operativa" ed essendo un compito piacevole, l'ho sempre fatto in maniera naturale, va però considerato che, se in un posto nuovo, la curiosità e la voglia di scoprire è più forte, molte volte tendiamo a trascurare il luogo in cui viviamo regolarmente. Ormai da un po' di anni sono "stanziale" e non ho in vista di trasferirmi altrove, la probabilità che il territorio in cui mi troverò ad affrontare un'emergenza quindi, sia quello in cui vivo tutti i giorni, è ovviamente molto più alta. In tal senso devo spesso uscire dalla mia zona comfort e forzarmi a sperimentare strade nuove e itinerari non battuti. È incredibile quante sorprese si nascondono anche nei posti che crediamo di conoscere meglio, quando iniziamo a muoverci con più curiosità, specialmente se in luoghi che sono fuori dalle rotte turistiche principale, è frequente scoprire casualmente tanti piccoli angoli di bellezza (non solo naturale) che anche non essendo patrimoni dell'Unesco, sanno regalare emozioni agli "animi romantici" e stimolare al contempo una mente "operativa" a vedere soluzioni e opportunità in caso di emergenza.

2.11 I TERRENI ACCIDENTATI

In alcune situazioni, potremmo essere costretti a muoverci in terreni accidentati, fuori dai sentieri segnati e dalle strade manutenute. Per quanto riguarda i mezzi a motore, se non siamo dotati di fuoristrada a due o quattro ruote, degli pneumatici adatti al terreno e soprattutto dell'esperienza necessaria a saperli condurre in sicurezza, il problema non si pone, perché un mezzo non idoneo, diventerà presto un intralcio e probabilmente ci arrecherà più danno che altro. Le esplorazioni con i mezzi fuoristrada sono molto interessanti, personalmente ne ho fatte un po' sia in moto da enduro che con la Land Cruiser, in zone pianeggianti, collinari e montane. Anche se la soddisfazione nel superare gli ostacoli è sempre tanta, anche l'adrenalina, dovuta al timore di restare bloccati in certi posti, quantomeno scomodi, è sempre presente. Andare da soli i luoghi difficili con i mezzi fuoristrada è eccitante, inutile negarlo, ma può essere molto pericoloso, consiglio sempre di farlo almeno con due mezzi, è pieno di appassionati con cui condividere questa passione e da cui imparare tanti trucchi utili. C'è poi un'altra considerazione da fare, doverosa, a meno che non vivi in posti davvero sperduti nel nord Europa o in altri continenti, è molto probabile che molte delle attività più interessanti ed educative che puoi fare in fuoristrada, siano proibite, semplicemente perché le aree più impervie, se sono tali, generalmente sono soggette a qualche tipo di tutela, è quindi importantissimo essere bene informati ed evitare guai con le autorità, anche perché, onestamente, molte aree sono tutelate per una ragione di buon senso, se tutti le percorressero con i mezzi a motore diventerebbero in breve tempo delle aree degradate. Per ovviare a questi problemi, meglio informarsi per bene su dove è possibile andare a fare pratica fuoristrada e magari se non è possibile, apprendere le tecniche in corsi appositi, tanto se si padroneggiano le basi e si conosce il territorio perché già esplorato a piedi (o in mountain bike) sarà sempre possibile, al momento del bisogno, avventurarsi con i mezzi a motore.

Gran parte delle esperienze in terreni accidentati, quindi considerando anche i "fuori pista" potranno essere acquisite muovendosi a piedi (o in MTB o E-MTB). L'eventualità di doversi muovere fuori dai sentieri a piedi non è molto probabile e non sto suggerendo di farlo senza un motivo se non te la senti, però è una cosa che a mio avviso può rivelarsi educativa e poi se un giorno dovesse sorgere la necessità di farlo sai già cosa aspettarti. Come sempre il modo migliore per imparare certe tecniche è farsi seguire da chi è più esperto, come le guide alpine per i terreni montuosi e innevati. Quando dico terreni accidentati, non intendo il muoversi in arrampicata su roccia o attraversare ghiacciai o fare fuori pista sulla neve, queste sono tutte attività molto specifiche che richiedono ancora più preparazione e prudenza e non sono titolato a parlarle perché non le ho mai praticate. In questo paragrafo mi riferisco al movimento fuori da strade e sentieri in zone pianeggianti, collinari o pedemontane, anche boschive. Muoversi in questo tipo di terreno, generalmente è una cosa riservata alle pattuglie esplorative militari o all'addestramento alla sopravvivenza di tipo militare, in cui l'obiettivo non è solo quello di farsi trovare dalle forze amiche, ma soprattutto quello di non essere individuato e catturato dalle forze ostili. (vedi paragrafo successivo). Quella di muoversi fuori dai sentieri, quindi è un'eventualità che per un civile medio è poco probabile, esistono però dei casi in cui saperlo fare può rivelarsi necessario oltre che utile, pensa ad esempio ai casi di persone scomparse, per esempio bambini, che ogni tanto capita di sentire nelle cronache, in questi casi spesso, la popolazione contribuisce alle ricerche perché quando l'area da perlustrare è molto ampia, il numero aiuta e non importa quanta tecnologia si metta in campo, i droni, le termocamere, gli elicotteri sono ottimi ausili, ma non possono sostituire completamente gli occhi di più persone, soprattuto nelle aree a copertura forestale. Attraversare questi ambienti è una cosa completamente diversa da un'escursione sui sentieri, la vegetazione fitta rallenta moltissimo il passo e comporta numerosi problemi e potenziali pericoli. Innanzi tutto, le pendenze, le rocce e le foglie secche aumentano di molto il rischio di scivolare, poi ad alcune latitudini la presenza di sottobosco (per esempio nella macchia mediterranea) rende l'attraversamento molto lento e difficile, e spesso necessita di doversi fare strada con un machete (altra cosa che non ti sto suggerendo di fare, specie in aree protette! sia chiaro). L'altro problema del muoversi in tali ambienti è la perdita dell'orientamento, quando tutto intorno non c'è altro che alberi e arbusti e magari non si riesce nemmeno a vedere il sole perché il bosco è fitto o il cielo è coperto, diventa davvero facile perdersi e finire per girare in tondo. In questo, se siamo equipaggiati con bussola e magari GPS (a patto che riesca a ricevere i satelliti) saremo agevolati e le probabilità di riuscire a mantenere una rotta saranno maggiori. Quando ci si muove in questo tipo di ambiente è anche auspicabile avere degli occhiali di protezione e magari anche una leggera protezione per la testa non sarebbe male, i rami hanno una proverbiale tendenza a sbatterti in faccia quando meno te l'aspetti e danneggiarsi un occhio in una situazione del genere è tutt'altro che auspicabile. Oltre alla lentezza e pericolosità del movimento, si noterà una enorme difficoltà a muoversi silenziosamente, cosa importante se stai sfuggendo da qualcuno (SERE in gergo militare Survival Evasion Recovery Escape) o si cerca di non essere individuati durante una ricognizione (RECCE o RECON da reconnaissance, ricognizione), gli aspetti prettamente militari non fanno parte dello scopo di questa pubblicazione e di sicuro se hai ricevuto addestramento in tal senso sai già di cosa sto parlando. In ogni caso, ribadisco che non suggerisco a nessuno di avventurarsi in posti sconosciuti da soli senza la dovuta esperienza e le conoscenze tecniche, addestrarsi a fare cose come questa, può essere utile, ma non è necessario e in ogni caso non deve mettere a rischio la tua vita o quella di eventuali soccorritori, quindi usa il buon senso e sii prudente e se non fa per te lascia perdere, concentrati su aspetti più immediati della preparazione "operativa".

2.12 IL TRACKING E IL COUNTERTRACKING

A seguito dei concetti espressi nel paragrafo precedente, riguardo la ricerca di persone o la fuga, le discipline coinvolte sono il tracking (tracciare) e il countertracking (evitare di essere tracciati). In senso lato queste due discipline racchiudono moltissimi aspetti, che riguardano anche il movimento in aree urbane e la tracciatura elettronica (per esempio attraverso la rete telefonica mobile). In questo paragrafo però accenno all'aspetto più classico, cioè a quello di saper leggere le tracce lasciate da una persona sul terreno (esempio un bambino perso nei boschi) e sapere come coprire le proprie tracce per evitare di essere trovati (per esempio da una pattuglia nemica o dalla propria suocera...). Queste due discipline, sono davvero difficili da imparare come teoria e anche praticandole, ci vogliono anni e dedizione per diventare bravi, anche frequentando corsi specifici (difficili da trovare di qualità, non ne conosco in Italia).
Ciò non significa che non possiamo provare a cimentarci, per esempio mettendo in pratica le tecniche lette sui manuali insieme ad alcuni amici. La caratteristica fondamentale che deve avere un tracker è la capacità di

osservazione, bisogna saper leggere i dettagli e avere l'immaginazione tale da ipotizzare cosa può aver provocato il cambiamento che osserviamo sul terreno. Difficilmente le tracce saltano all'occhio in maniera netta e chiara, quasi sempre si tratta di piccoli segnali impercettibili, come una fibra di tessuto impigliata sui rovi, un po' di foglie smosse, un rametto spezzato, ecc. Personalmente non ho avuto un addestramento specifico nella materia e non mi sono mai applicato sistematicamente a cercare di apprendere le tecniche, però quando sono in escursione cerco di osservare tutti i dettagli che posso, semplicemente per allenare la mente. Per esempio sapendo che di sicuro è passato un altro escursionista (perché l'ho visto) cerco i segni nel terreno per imparare come si presentino nelle diverse condizioni (fango, polvere, foglie secche, ecc.).

Quando ero in Gran Bretagna, ho frequentato un corso per guida naturalistica in aree remote (wilderness), anche se il tracking non era tra le nozioni insegnate, uno dei partecipanti era abbastanza pratico della materia e aveva partecipato a numerosi corsi tenuti dall'esperto inglese di bushcraft Ray Mears, concorrendo anche all'organizzazione di alcune delle sue trasmissioni televisive. Grazie a lui mi sono incuriosito alla materia e in futuro (tempo permettendo) vorrei dedicare più energie a imparare qualcosa in più sul tracking e countertracking, a completamento della mia preparazione.

A tal proposito voglio precisare, se non lo si fosse già capito, che nell'ambito della preparazione (come del resto in tutti gli altri ambiti della vita) nessuno è mai "arrivato", si impara sempre ogni giorno e il sottoscritto non ha la pretesa di apparire esperto di nulla, sono semplicemente una persona che sta facendo questo percorso da tanti anni. Il mio obiettivo, con questa pubblicazione è portare stimoli al lettore, non fare il "guru" e dettare massime e insegnamenti dall'alto (che tra l'altro non sento di essere in grado di dare).

Sono in questo percorso come tanti altri, più preparati e meno preparati di me, tutti abbiamo tantissimo da imparare e il nostro obiettivo è essere oggi migliori di ieri e domani migliori di oggi. La nostra società vuole soluzioni facili, ricette da seguire "chiavi in mano", consigli degli "esperti", ma non è così che funziona, le strade per migliorarsi sono tortuose e richiedono impegno e sacrificio, suggerisco di diffidare sempre da chi propone soluzioni facili e si spaccia per "numero uno del settore", di qualsiasi settore si tratti.

2.13 LA NAVIGAZIONE TERRESTRE

Se c'è una materia che allo stesso tempo amo e odio contemporaneamente è la navigazione terrestre. Sono sempre stato appassionato di geografia e di carte geografiche e topografiche, ma l'arte di saper navigare a terra è molto di più.

Già l'abitudine che ormai abbiamo tutti, di utilizzare i navigatori dei nostri smartphone per spostarci sulle strade, ha messo in cantina le minime abilità che servivano ad orientarsi con le carte stradali, che possono aiutare ad avvicinarsi alla materia.

La navigazione terrestre richiede di saper orientare e leggere una carta topografica per poter affrontare un percorso che ci permetta di raggiungere un luogo ben definito. Gli strumenti necessari sono: carta, bussola e coordinatometro.

Sapersi muovere in aree naturali è molto più difficile che in zone urbanizzate, questo è ovvio, ma la cosa appare molto più evidente quando si mette in pratica. Le distanze possono essere fuorvianti, i sentieri molto diversi tra loro e nel caso ci si debba muovere fuori dai sentieri per ragioni di sicurezza o "tattiche" la cosa si complica ancora di più.

Inutile dire che la ciliegina sulla torta è farlo al buio, situazione in cui qualsiasi cosa diventa molto più difficile.

La navigazione terrestre si può studiare sui manuali di orienteering (io uso quello edito dalla Hoepli, di E.

Maddalena) poi però bisogna sporcarsi le mani, anzi gli scarponi.

Semplici esercizi di navigazione si possono fare già in zone di campagna, procurandosi le apposite mappe in scala 1:25.000 o 1:50.000. Man mano che si acquisisce dimestichezza si può aumentare il livello di difficoltà. Se è vero che muoversi con forti pendenze e tra ostacoli vari aumenta la difficoltà del movimento è pur vero che in pianura senza riferimenti è più difficile orientarsi e lo è ancora di più in aree forestali molto fitte.

Le abilità della navigazione terrestre, almeno nella mia esperienza, sono "deperibili", nel senso che si dimenticano facilmente se non si esercitano costantemente. In base all'area in cui operi e ai tuoi personali "piani di emergenza" dovrai dedicare più o meno energie a mantenere attiva questa capacità.

Alcune persone amano la navigazione terrestre e trovano svago anche nello sport dell'orienteering, sono fortunati, perchè nella maggioranza dei casi, per tutti gli altri, la materia è davvero ostica, per me lo è abbastanza. Orientare la mappa è semplice, capire dove ci si trova (a seconda dell'ambiente) è già un pochino più difficile, individuare il percorso lo è ancora di più e infine calcolare tempi, distanze e posizioni con i vari sistemi di coordinate è ancora più difficile. Fare tutto ciò di notte e magari senza lasciare tracce è ancora un'altro livello.

Anche in ambito militare, in base alla mia esperienza, le marce topografiche sono tra gli esercizi più difficili per una pattuglia. Morale: studiare e praticare...

2.14 LE MARCE ZAVORRATE

Le marce zavorrate possono essere considerate un esercizio afferente solo alla sfera dell'allenamento fisico, ma in realtà sono molto di più. Se mai un giorno saremo costretti a muoverci per una grossa emergenza, senza mezzi di trasporto, molto probabilmente lo faremo trasportando carichi notevoli.

Se è vero che al momento del bisogno, si deve scegliere l'essenziale e viaggiare leggeri, è altrettanto vero che a volte il concetto di "leggero" è molto relativo e in base a quanti chilometri dobbiamo percorrere, in quale clima e con quali condizioni del terreno, anche poco peso può influire pesantemente sulla prestazione.

Detto ciò, abituarsi a muovere con i carichi è importante, per rendere l'esercizio meno monotono si può scegliere ogni volta un itinerario diverso, con paesaggi naturali che ci possono aiutare a mantenerci motivati.

Per piccoli carichi, uso un giubbotto zavorrato in cui si possono inserire delle piastre e arrivare fino a dieci chili, questo simula un equipaggiamento distribuito sul corpo. Per carichi più impegnativi utilizzo uno zaino da escursionismo molto robusto a volte riempito di attrezzatura varia da campeggio per ottenere anche un volume realistico dello zaino ed abituarmi agli equilibri e agli ingombri reali.

Spero che questa breve guida possa essere di ispirazione e fare da stimolo a tante persone che possono sviluppare le loro potenzialità, ma non hanno mai preso in considerazione questi argomenti. Adottare la "sopravvivenza operativa" come stile di vita può essere un modo per realizzarsi e aumentare la propria autostima.

www.ingramcontent.com/pod-product-compliance
Lightning Source LLC
Chambersburg PA
CBHW051703250726

48653CB00007B/2825